京剧大师梅兰芳

◎主编 金开诚
◎编著 张海新

吉林文史出版社
吉林出版集团有限责任公司

图书在版编目（CIP）数据

京剧大师梅兰芳 / 金开诚著 . 一长春：吉林文史出版社，2011.10（2022.1 重印）
（中国文化知识读本）
ISBN 978-7-5472-0861-8

Ⅰ . ①京… Ⅱ . ①金… Ⅲ . ①梅兰芳（1894 ~ 1961）-生平事迹 Ⅳ . ① K825.78

中国版本图书馆 CIP 数据核字（2011）第 207019 号

京剧大师梅兰芳

JINGJU DASHI MEILANFANG

主编/ 金开诚 编著/张海新
项目负责/崔博华 责任编辑/崔博华 梁丹丹
责任校对/梁丹丹 装帧设计/李岩冰 赵 星
出版发行/吉林文史出版社 吉林出版集团有限责任公司
地址/长春市人民大街4646号 邮编/130021
电话/0431-86037503 传真/0431-86037589
印刷/三河市金兆印刷装订有限公司
版次 /2011 年 10 月第 1 版 2022 年 1 月第 3 次印刷
开本/650mm×960mm 1/16
印张/9 字数/30千
书号/ISBN 978-7-5472-0861-8
定价/34.80元

前言

文化是一种社会现象，是人类物质文明和精神文明有机融合的产物；同时又是一种历史现象，是社会的历史沉积。当今世界，随着经济全球化进程的加快，人们也越来越重视本民族的文化。我们只有加强对本民族文化的继承和创新，才能更好地弘扬民族精神，增强民族凝聚力。历史经验告诉我们，任何一个民族要想屹立于世界民族之林，必须具有自尊、自信、自强的民族意识。文化是维系一个民族生存和发展的强大动力。一个民族的存在依赖文化，文化的解体就是一个民族的消亡。

随着我国综合国力的日益强大，广大民众对重塑民族自尊心和自豪感的愿望日益迫切。作为民族大家庭中的一员，将源远流长、博大精深的中国文化继承并传播给广大群众，特别是青年一代，是我们出版人义不容辞的责任。

本套丛书是由吉林文史出版社组织国内知名专家学者编写的一套旨在传播中华五千年优秀传统文化，提高全民文化修养的大型知识读本。该书在深入挖掘和整理中华优秀传统文化成果的同时，结合社会发展，注入了时代精神。书中优美生动的文字、简明通俗的语言、图文并茂的形式，把中国文化中的物态文化、制度文化、行为文化、精神文化等知识要点全面展示给读者。点点滴滴的文化知识仿佛颗颗繁星，组成了灿烂辉煌的中国文化的天穹。

希望本书能为弘扬中华五千年优秀传统文化、增强各民族团结、构建社会主义和谐社会尽一份绵薄之力，也坚信我们的中华民族一定能够早日实现伟大复兴！

目录

一、粉润娇婉搏年少

梅兰芳（1894—1961），名澜，字畹华。中国戏剧大师，从艺56年，是继谭鑫培后的又一位“伶界大王”。谦和、安静、忠厚的性情使他身边聚集了当时的文学家、画家、考古家、雕刻家、戏剧家，对于表演艺术的不断追求使京剧旦角乃至整个京剧的唱腔、舞蹈、音乐、服装、化妆艺术提升到一个新的水平，形成了京剧的“梅派”，并与俄罗斯斯坦尼拉夫斯基、

德国布莱切特并称为世界三大表演体系。同时，梅兰芳把京剧带到美、苏、日等当时世界主流国家，成为当时全球瞩目的时尚明星，是第一个将中国京剧艺术推向世界的人。在他的带动下，京剧达到了继谭鑫培之后的第二次发展高峰，并被称为代表中国戏剧的“国剧”。

在影像技术占据我们审美世界的今天，欣赏梅派京剧属于个别小众的事情，毕竟那逶迤婉转的唱功、出神入化的身段和缀玉轩词的字句是需要人生历练和文

化积累的。更何况，很多人早已将京剧等同于封建时代的旧事物，认为即使在它的全盛时期，也是当时落后的表现。甚至有些“有识之士”还旁征博引地论证，正是这靡靡之音葬送了大清王朝。可如果我们沿着时光的隧道穿越时空而回到当时，看到的却是梅兰芳代表的京剧举世皆知，而以卓别林为代表的无声电影此时才刚刚为人们所接受。在民国到建国后这一个很长的时间段中，在这个留给我们耻辱与自

强、阴谋与战争印象的年代，梅兰芳，这朵在炮火中绽放的雍容华贵的牡丹，是全球千百万时尚男女的梦中情人，是全球瞩目的明星。

而梅兰芳之所以能做到名垂史册，不是他曾经立过什么功，而是因为他能以男人扮演女人获得成功。以男人扮演女人的反串表演，大家并不陌生，但其吸引人的地方多是满足了人们的好奇心。可中国戏曲在很长的一段时间里，都是由男人来扮女人，那些已经习惯了“男人扮女人”

的达官贵族以及文人雅士们为什么还会对他如此疯狂地爱慕呢？显然这种爱慕不是因为“稀奇”，而是因为“别有击人心处”！可是今天，我们却无法去体会梅兰芳那别有击人心处的艺术。对于他，我们只能讲一段故事。他，已不再是我们生活的情趣，不再是我们生活的样式，我们的精神世界已无法在他的表演中找到满足与安宁。这就是岁月，把所有的辉煌和美丽都送进了只能回味却无法穿越的时间隧道。

现在，就让我们以他的人生为故事，去感悟在一个风云变化的年代，一个生于弱国，却为强国所尊敬的歌者的人生起伏，在生死存亡的际遇中一名戏子对于艺术、对于操守的抉择，一个人在大红大紫中对于人情、对于爱情、对于生命意义的道德评判。更有幸者，我们可以透过那迤逦迂回的人生回味一下曾迷遍世人、属于我们这个民族的古色古香的戏剧。由此，

当我们羡慕别人有贝多芬、有莎士比亚、有信仰的时候，可以对自己如是说，有梅兰芳，是我们的福分。

(一) 梨园世家

我们常常说培养一个贵族需要三代，梅家到梅兰芳这代在梨园行当里正好是三代，只是这三代不如贵族之名值得珍惜。在帝王时代的中国，娼优并列，艺人与老百姓的户口是不一样的，他们所编入的乐籍是当时社会最下级的品流，因此他们不仅要接纳，而且还要悦纳自己一出生就为世人所看不起的身份和命运，同时又要付出几倍的艰辛去苦学戏剧的手、眼、身、法、步等技艺，以生存繁衍。帝制年代，改变命运的机会是弱之又弱的，对于戏剧演员来说，不仅不能变更乐籍，而且与其他户口的人不通婚嫁，所以有名戏子的家庭关系常常都是几重姻亲，比如梅兰芳的岳父王佩仙也是一个有名的戏剧演员，他的五个女儿也都是嫁给了当时五个出名的戏剧演员。这种限制虽然是一种等级制的压迫，但也有利于技艺的传承与发展，梅兰芳的出名也得益于这样的人际关系。从梅兰芳出生到登台这段时间有名的戏剧大家如谭鑫培、杨小楼与梅家非亲即故，自然在艺术传承和演出机会上对梅兰芳加以扶持，而这层关系的建立与形成能荫及梅兰芳则是源于梅兰芳的祖父梅巧玲。梅巧玲对于京剧的形成发展所作出的贡献及其对于同行的照顾与帮助，使梅兰芳的学习和成名有了非常坚固的人脉网络，也应了那句"积善之家必有余庆"的古话。

梅巧玲是京剧形成初期一位著名的旦角演员，原名芳，字慧仙，别号焦国居士，自号梅道人，又称景和堂主人。清道光二十二年（1842年）生于江苏泰州。清同治、光绪年间，与其他京剧有名的戏子并

称“同光三十绝”，因体貌丰满被天子高呼“胖巧玲”而声名大震。梅巧玲幼年丧父，与母亲一起生活在流离失所的逃荒路上。在他8岁时，母亲迫于生计，将他卖给苏州城一位姓江的人做义子。开始由于江某死了老婆又没有儿女而受到宠爱。但不久之后，江某续娶，并生了儿子，巧玲自然受尽虐待，使得当他被江某卖进戏班时，脸上尽是喜悦，丝毫没有想过这样的变动并非像他想象的那样，可以吃饱穿暖。相反，命运此时带给他的是另一种苦难。当时戏班的师傅都有打徒弟的习惯，巧玲进戏班后遇到的前两位师傅都以虐待徒弟而著称，所受苦楚可想而知。直到被第三任师傅罗巧福赎身后，梅巧玲才算是苦尽甘来，开始好的际遇。

虽然梅巧玲与前二位虐待他的师傅学的是昆曲，但师从罗巧福时，昆曲的观众越来越少，不得已开始改唱皮黄，也就是后来的京剧，并成为推动京剧形成和发

展的第一批戏剧艺术家。身世坎坷的梅巧玲对于京剧的贡献在于其在身段、表情、神态、台步以及扮相等方面拓展了旦角的表演，打破过去旦角“行不动裙、笑不露齿”的演唱模式，这也促进了京剧由听的欣赏方式到视听一体的欣赏方式，从而吸引了更多的观众，扩大了京剧的影响力。

在京剧之前，中国的戏剧一直是昆曲的天下，昆曲在情节的动人与唱词的闲雅上达到了登峰造极的程度，“小红低唱我吹箫”的意境正符合中国士大夫的审美

情趣。但昆曲以笛子为主要伴奏乐曲，只有七个音节，即没有钢琴上黑键所发出的音，这使艺人的演唱受到限制，因此有人说昆曲是一门说的艺术，并非唱的艺术，近似于我们今天的话剧。所以，等到其长处被皮黄、秦腔、弋腔等地方土戏所吸收融合时，昆曲在清朝咸丰年间就开始慢慢地走向衰落，取代它地位的就是京剧。

京剧起源于徽班进京。乾隆五十五年（1790年），在给皇帝祝寿演出中，演唱二黄戏的安庆班一鸣惊人，得到京城官员的喜爱。随后，四喜班、和春班、春台班也相继入京谋生，这就是戏剧史上著名的徽班入京。只是到梅巧玲这一代，徽班已不

再只是唱二黄调，此时的四喜、和春等戏班在发扬徽戏剧目题材广泛、情节动人、语言通俗易懂的基础上，吸收了西皮调，再配上徽调、汉调就成了皮黄，也就是后来的京剧。清末，以慈禧为首的皇家贵族都热衷于京剧，促成了京剧的第一次繁荣。

作为推动京剧发展的第一批表演艺术家，梅巧玲接管了四大徽班之一的四喜班，此时梅巧玲的善良、仗义给梅家带来

了积善之家的荣誉。如今我们常说，没得到过爱的人不懂得如何施予，其实没有得到过爱的人会有两种表现：一种是特别会爱，一种就是特别不会爱。梅巧玲小时候所受的苦难让他更懂得如何去体贴照顾朋友和亲人。

清帝制时期，皇帝、太后、皇后死的时候全国都不允许开展娱乐活动，而此时戏剧从业人员的收入只来自于戏班演出的门票，不像今天可以有广告代言和唱片的收入，因此国丧时很多戏剧从业人员的经济状况都会紧张，再碰到家里有什么急事，就不知道如何应对了。这时，梅巧玲都会出现在他们面前，出手相助。同时，梅巧玲还会帮助落魄的文人，以乐善好施而著称于世，时人赞誉他为“义伶”。

对于梅兰芳来说，梅巧玲对他的影响

在于三个方面，也可以说梅巧玲从这三个方面为梅兰芳的成名做好了准备。一是旦角表演形式的拓展，后经梅兰芳老师的扩展，到梅兰芳正式形成“花衫”这一旦角的表演形式，使京剧从听的艺术发展为视听兼备的完整的表演体系；二是梅巧玲的义举行为，梅巧玲的侠义精神当时被广为流传，这深深地影响了梅兰芳，使他成长为一个善良、侠义、上进的艺术家，这种性格品质吸引了众多文学家、画家、历史学家围绕在梅兰芳周围，共同推进京剧艺术的发展；三是梅巧玲的仗义行为为梅兰芳积累了人脉资源，由于梅巧玲救济过戏剧界很多演员，这些演员成名后，无论是在艺术表演技术方面，还是搭台演出的机会方面，都主动帮

助梅兰芳，使梅兰芳的艺术之路走得顺风顺水。

梅巧玲有两个儿子，小名叫做大琐和二琐，大琐名叫竹芬，后改名雨田，在京剧界以“六场通透”而著称，是梅派胡琴的祖师；二琐名叫肖芬，就是梅兰芳的父亲。两人都继承了父业进行旦角表演，但梅肖芬在梅兰芳4岁之时便于壮年夭折，表演并无出奇之处。因此，梅家第二代对梅兰芳影响最深之人是伯父梅雨田。梅雨田年少登场时神似薛宝钗，喜欢他的戏迷们用“荷露粉垂、杏花烟润”来形容他的美丽。可后因青春期变音和他本人对音乐的爱好而改行做了琴师，成为当时最出名的琴师。梅雨田对京剧胡琴的技术进行了改良，使京剧中的西皮慢板、原板、反二黄这些曲调有了很多幽美的前奏，不仅可以表现出整出剧的节奏变化，而且为演员的演唱做好了情绪调动和准备。梅雨田胡琴技艺之精只能用超凡脱俗来形容，据说他可以用胡琴来学别人的话语，胡琴上那两根小小的绳子在他的手中就变成了神兵利器。同时，梅雨田还精通月琴、三弦、笛子等乐器，从而成为当时最负盛名的老生演员，也是推动京剧普及的第二代领军人物谭鑫培的琴师，并随其进皇

宫当差。

梅雨田在音乐上的成就使其成为当时乐师们学习的对象，从昆曲的曲牌到京剧的西皮，梅雨田无不成为当时乐师们的老师。以至于民国时期四大名旦的琴师皆出自于梅派，因此我们可以说民国四大名旦皆要追溯到梅家。

梅巧玲和梅雨田的努力与成功为梅兰芳成为京剧的代表做好了各方面的准

备工作。他集三世之大成，再加上老天给的一副好嗓子及文秀可怜的身材，使他初试啼声，就成为举世瞩目的明星。

（二）丽质天生

要成为一名好的旦角演员要“样好”、“嗓亮”、“身条好”、“唱功好”、“面部表情好”、“身段好”。“样好”和“身条好”是指相貌和身材要好，例如线条要柔和，身体要柔软，上妆后才能漂亮，走路时才能摇曳生姿，从而表现出女性的明媚、柔弱之美。“嗓亮”是指声音要透亮，过去演戏没有麦克风，演员的演唱要让全场的人都能听到，嗓子亮是必要的条件。“唱功好”指通音律，对音乐有天生的直觉。“面部表情好”指脸部可以表现各种情

绪和心情，将剧中人物的喜、怒、爱、恨、忧、乐、悲、恐、羞、怜、踌躇、得意等等心态通过眼神和脸部肌肉表现出来。身段也叫身法，是指整个身体在舞台上的活动。基本身法有“起、落、进、退、侧、反、收、纵”，进要矮，退要高，侧要左，反要右，横起顺落，才能使表演顺溜圆畅、自然优美。前三个条件属于硬件条件，是天生的，后三个可以后天培养。从这点上来说，梅兰芳具备了所有的先天条件。

梅兰芳的少年时期，正是大清王朝的老年之时。义和团、洪秀全、八国联军使中华的大好河山破败不堪，无论是李鸿章的谋略，还是光绪帝的百日维新都无法阻止大清王朝慢慢接近死亡。对于这片土地来说，他们都不是历史选择的新主人，都只是历史的过客。内忧外患间最倒霉的自然是老百姓，只能在九死一生的命运中徒劳地挣扎。八国联军烧光了大部分茶园，使戏剧班的演出时有时无，演员们的生活只能各听天命。即便是已有两代名角儿的梅家也不例外。为了缩减开支，

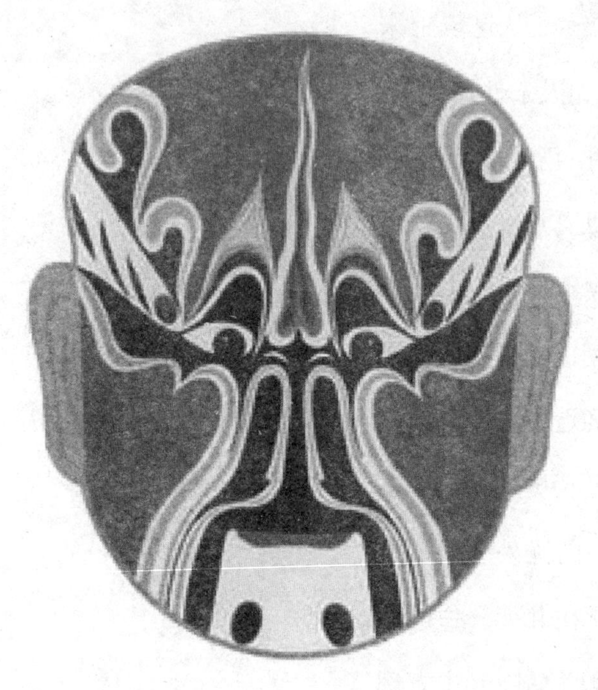

梅家卖掉了老宅，搬到百顺胡同居住，梅雨田以修表的技艺补贴家用。此时的梅兰芳因为父亲的去世而跟随伯父一起生活，生活起居要看伯母的脸色，其生活之艰难可想而知。童年时期的梅兰芳言不出众、貌不惊人，8岁时开始学戏，半天也不能将简单的腔调唱好，老师说了一句“祖师爷没赏你这碗饭吃”便拂袖而去。虽然老师跑了，但老师这句话却刺激了梅兰芳要发奋苦学。而后又得到“同光十三绝”之一时小福的弟子吴菱仙几年的悉心调教，等到因生活所迫不得不10岁登台之时，梅兰芳已经大变了样。

梅兰芳第一次登台，是在昆曲《长生殿·鹊桥密誓》中出演织女。这是昆曲中的经典剧目，改编自著名剧作家洪昇所写的传奇，说的是杨贵妃和唐明皇的爱情故事。“鹊桥密誓”这一节是说杨玉环死后受到织女的同情，助她位列仙班。织女还与嫦娥一起帮助这对恩爱、亲热的帝王夫妇在月宫团圆。梅兰芳就饰演这个善良、美丽的织女。站在造型逼真的鹊桥上，望着那象征银河的摇曳烛光，梅兰芳没有初次登台的紧张，只有兴奋。梅兰芳天生就是为这绚烂美丽的舞台而存在的，他瑰丽、辉煌、传奇般的舞台生涯也就由此开始。

虽然童年时的梅兰芳眼皮下垂、目光呆滞，但初次登台时的梅兰芳却已是明眸皓齿，皮肤细腻白皙、指细

腰纤，加上与生俱来的那副谦和、脆弱的气质，使他浑身上下透露出暖玉一般的光泽与美丽。时人用“以文秀可怜之色，发宽柔娇婉之音”形容他的柔和之姿、圆润之声。此时他的美虽不如后来辉煌之时如牡丹般的华贵艳丽，却有着兰花一般的清幽典雅。他再对镜贴上花黄，我们的梅兰芳啊，就是一个活脱脱的肤若凝脂、眸如繁星、指若削葱、眉若远山的美丽少女，你看她闲静时如娇花照水，行动处似弱柳扶风。眉眼望去，秋水瑟瑟，俏唇微启，春风阵阵，举手投足间无不动人心弦、迷人魂魄。从而，初次登台的他就一鸣惊人，不过一年，便捧客万千。

戏剧演员同现在的明星一样，没有粉丝是成不了“角儿”的。当时的粉丝被称为“捧客”。一个戏剧演员没有捧客特别是没有有钱有势的捧客更是无法成为“角儿”。当时北京的豪客遍地都是，他们中有驻京的王公贵族，有来京等待召见的封疆大吏，有想要买官萌子的来自全国各地的财大气粗的地主富商，还有来京赶考想要一举成名的文人举子，这些都是有钱有势的有闲阶级，闲来无事，便到戏楼、妓院寻欢作乐。在清朝，女人是被禁止从事戏剧表演的，因此戏剧中女性角色都由长相秀气的少年来扮演，当时称为“像姑”，意思是说长得像漂亮的女人，后来慢慢地传成了“相公”，从而就成为了他们的专有名词，而原来那些世家子弟反倒不称相公了。

由于当时戏剧演员的收入只来自门票，其乐籍的身份又被世人看不起，而且不能变更，所以这些像姑们每

个人都想拥有千百个豪客来作捧客，以获得他们的财势支持成为卖座的红角儿，从而维持生计。只是应付这些豪客也不是件容易的事，除了要学好戏外，还要出席这些捧客的社交场合，化着剧中的妆容以女子身份出席叫做“侑酒”，卸妆后以男子身份出席称为“问安”。酒醉之时，难免有一些不雅的行为，因此，当时人将旦角这类演女子的戏剧演员看做与妓女一样。旦角色艺俱佳，身价要高于妓女。时的王公贵族们以捧名角、养名角为荣，从而带动一些小商人跟风，但因财力不足或被拖得倾家荡产，或得罪权贵而招杀身之祸，时人称这样的人为“冤大头”，也应了那句古话“万恶淫为首”。

以家贫而不得不于10岁便登台的梅

兰芳不能脱离他生活的社会背景而独立于历史之外，当时的职业性质决定了他也是像姑中的一名，他的一举成名成就的是像姑中的第一第二名。此时花旦最为出色、最卖座的是他的师傅陈德霖和王瑶卿，而戏剧界中的领军人物则是老生谭鑫培和武生杨小楼，但即使是他们也都不免要到皇宫中陪侍，而且还以此为荣，更不用说只是像姑中比较出色的梅兰芳了。当时甚至有人风传梅兰芳曾为慈禧的面首，足以说明梅兰芳在获得名气的同时，也不得不从事有损尊严与人格的“侑酒”与“问安”。要不是岁月变迁，时移事异，梅兰芳的一生可能就像以前那众多像姑一般，让豪客们捧红，成就名气。等到年老色衰之时，凭着名

气掌管戏班，再授几名出色的弟子，拉些达官贵人们来“捧”，以使生活继续。这样的桥段在梅兰芳所熟知的掌故和剧本中被无数次地重演，甚至内化为生活的必然和幸福的依托。所谓命运，大抵就是如此般对生活的无奈。

幸运的是，大清王朝这个苟延残喘的老人随着辛亥革命的一声炮响而分崩离析，梅兰芳的命运也就此同他所从事的京剧一样开始迎接一个新的时代，虽然这个时代的一些先锋们想将他与京剧归为那个老人的遗物而送进历史，从而使我们这个民族可以重新富强，但实际的命运却是梅兰芳与京剧一起因这个时代而风生水起。

（三）生得逢时

京剧在清末一日盛过一日，慈禧太后是天天要听京剧的。那些头戴红顶花翎、身穿黄袍马褂的头品大员们在参见慈禧太后的时候都要匍匐在地上以示尊敬，偶而抬头注视都可以被定为大不敬，可是那些艺人们却可以在“老佛爷”面前随意调笑。据说光绪初年，光绪在陪慈禧看戏的时候总是站在一旁。一次，一个演皇帝的戏剧演员坐在皇帝宝座的道具上调侃光绪说：“咱这假皇帝有得坐，真皇帝还没得坐呢！”慈禧听后大笑，于是赐光绪的座。由此我们可以看出清末时期京剧之盛。上有好戏的主子下必有仿效的奴才，光绪到宣统年间，京剧就像今天赵本山的小

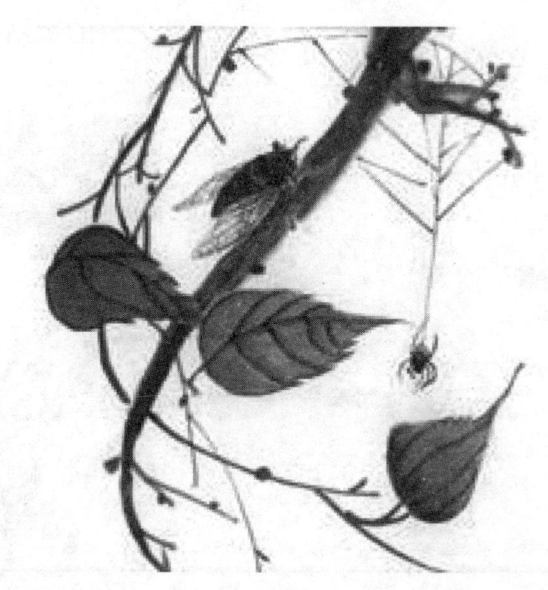

品一般流行，从王公贵族到平民百姓都以会哼几句京剧为荣。

京剧繁盛的历程说明，这些起于乡野民间的戏曲如不借助于权力之力是难以登堂入室的。梅巧玲、谭鑫培等一批老艺人在不断地进内廷供侍过程中提高了京剧的影响力，同时皇室与文人雅士们的艺术审美情趣不断地渗透到京剧中，提高了京剧表演的艺术性。如果帝制一直持续下去，梅兰芳虽然可以借助权力的力量使自己的表演更接近完美，却只能像那无数的像姑一样在名利的追逐下过完声色犬马的一生。

显然，我们的梅兰芳不是为此而生，他通过梅家三代的努力在吸收了几代皇室权力对于京剧的文化滋

养后，坦然地接受了新时代对他提出的挑战，如春草一般欣欣然地走向未来。

清王朝在完成了它的历史使命后，带着汉族几千年的封建传统一起走进了坟墓。但京剧的发展却并未因此而失去可以借助的权力，袁世凯、张勋、曹锟、吴佩孚、段祺瑞、冯玉祥等不断变幻的“北京王”无不对梅兰芳照顾有加，甚至还被世人风传他与张作霖、张宗昌有着特殊的关系。但走过岁月我们发现，这不断变幻着的权力与清王室的支持相比都只是浮

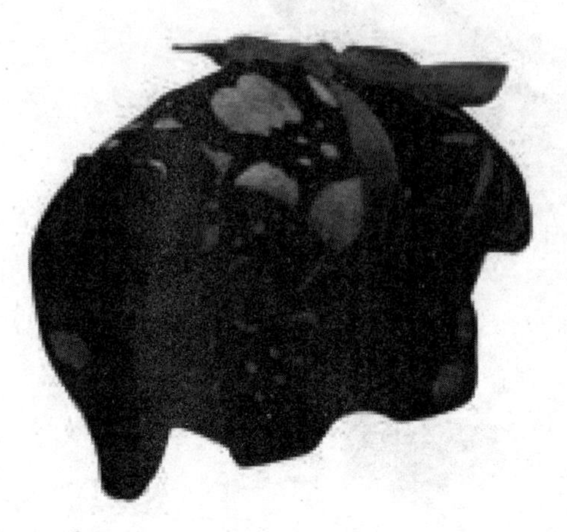

云。这些权力的保护只是限于京剧的发展不会受到政治的制约，北洋军阀既然注定不是中华民族真正的领导者，也就无法保证他们像清末王公贵族那样支撑京剧演员们的命运。更何况北伐之后北洋军阀也就完成了历史赋予它的使命，随之走进历史。失去政治权力支持的京剧必须寻找新的力量支持，而这需要京剧演员自己改变命运。为了生存他们必须适应新时代的变化，从各种新思潮、新思想中汲取营养，迎合新观众群体的审美爱好。在这个过程中给予京剧力量的是掌握着时代文化的文人，而适应并掌握这个过程的佼佼者就是我们的梅兰芳。

首先京剧观众基础的改变使旦角成为了戏剧表演的主导。民国之前，女人不只不能演戏，而且也不能进戏园子看戏。她们看戏的唯一途径就是家里请来的堂会，当然还要有开明的家长允许这些大家闺秀走下绣楼。可民国建立后，风气变了，女人们在法律上可以抛头露面了。虽然老北京的良家妇女们还是羞于此，可是位于时尚前沿的上海摩登少女们却已带领着全国追求摩登生活的年轻人呼啦啦地走到街上，并得到各种新思潮积极、正面的评价，从而越来越成为时代的必然。这些走出家门的少女们开始寻找各种娱乐活动，于是就挤到戏园里来了。这一下使欣赏戏剧从听戏走进了看戏的时代，戏剧表演则从以须生为核心走进了以旦角为核心的时代。

老北京人听戏是很雅致的，坐在笨重的八仙桌前，一手捏个茶壶，

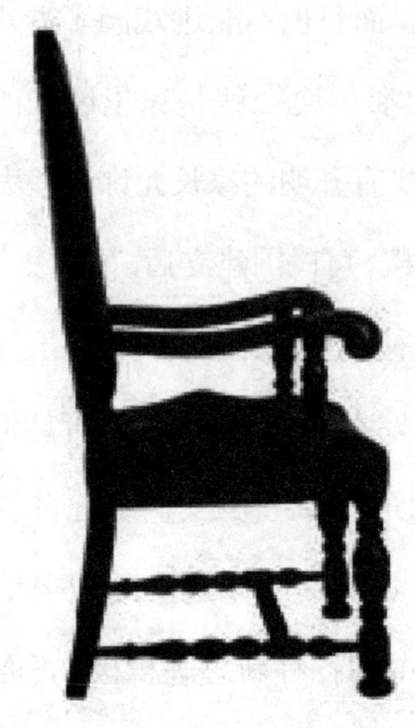

一手打着节拍，眯着双眼，侧着身子，品着茶，听着曲，偎着时光，享受着。听到演员唱到妙处，大叫一声“好”。这是老北京人的听戏习惯，也是演员们要面对的观众。因此对于演员来说，唱功比扮相更为重要。同时，男尊女卑的思想使在各角色中，旦角是最卑贱的，元曲如此，昆曲也是这样。一直到梅兰芳开始唱戏的那几年，旦角也一直是谭鑫培、余岩生这些须生的配角。帝制被推翻后，戏园子来了新

的观众，这些美女观众们可听不懂什么是西皮、什么是二黄，她们来这里只图个好看、图个新奇。从而，扮相俊美妖娆、声音婉转清脆的梅兰芳自然成了她们的首选，城中新贵们为讨这些美人儿的欢心，也自然开始转向这唱得悦耳、看得过瘾的旦角戏。这一下子就使京剧从谭鑫培的时代过渡到了梅兰芳的时代。

伴随着观众群基础的变化，整个社会的审美情趣也在发生变化。民国时期

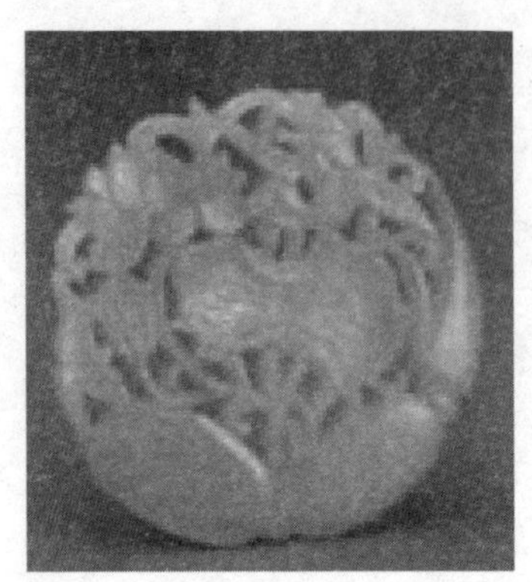

是封建社会向现代社会的大转折时期，整个社会的思潮、思想意识、审美情趣都处于激烈的变动之中。众多强国的争夺、诸多政客的阴谋虽然使这片土地处于权力的真空时期，却成就了思想与艺术少有的自由，使京剧可以在表演方式、表演内容上进行大胆的探索。而这一时期，又出现了许多学贯中西的学者，他们不仅熟知受中国传统文化熏陶而形成的古色古香的戏剧，而且还了解西方的表演理论与表演体系。当西式的舞台出现在上海，为戏剧表演提供了可供发挥的平台之后，西方的表演理念也就慢慢地渗入到京剧之中，改良了旧的京剧。梅兰芳谦虚、安静、平和的性格和典雅、内敛、华贵的表演天赋使有志于改良旧京剧的学者都围绕在他的身边。除了因陈凯歌《梅兰芳》电影而为今天的我们所熟知的齐如山，还有大家不太熟悉的易实甫、樊樊山，都成为拜倒在梅兰芳红裙下的第一流名士，甚至

梁启超、胡适也都曾为梅剧的改革付出过努力，使梅剧在内容情节、唱功、身段、灯光、布景、台词、音乐等等方面一日千里，一下子从粗陋不堪的乡村小调儿进入了雅乐之林，在中国京剧史上写下了最为光彩辉煌的一笔。

二、改弦更张铸京剧

(一) 从善如流

中国戏曲一向有雅乐和俗乐之分，昆曲属于雅乐，京剧属于俗乐，其区别有点类似今天文艺片电影与二人转的区别。但无论雅乐与俗乐都需要有观众的支撑方能存在、发展进而壮大。故此，雅乐和俗乐常因时代的际遇而相互渗透，互相支撑，特别是在“礼失而求于诸野”的民国时

期。这一时期，我们的民族积贫积弱之势既成，很难在短时间还魂，只能在痛苦与无耐中挣扎与摸索。那些个曾对我们魂牵梦绕的洋人贪婪而又残暴地践踏我们的河山，虐待我们的族人。曾经伟大而又富足的精神世界也渐渐地被吞噬，体现在我们脸上，就是日益失去了从容、优雅的精神气质，这种气质的代表——昆曲，吸取了宋、元、明戏曲精华又滋养了无数戏剧的百剧之母如今已进入历史，而取代它不久的京剧却因梅兰芳的从善如流而对观众的意见、文人的改革、其余戏种、演员的优点兼收并蓄，使京剧从俗乐进步到雅俗共赏的雅乐之林，并以其高贵典雅而传遍世界，弱国之声赢得全球美誉。

戏曲表演的种种身段动作来源于生活，但又不是直接粗糙地模拟生活，它有一整套经过提炼、加工、设计、实践的程式要求。戏曲表演难就难在要自然优美地掌握这些程式，要完全符合表演规范而又不能为规范所束缚，因此同一出戏，不同的演员会有不同的诠释，举手投足、声高音低间演员水平的高低立见分晓。随着时代心理的变化，观众往往又会对演出提出新的审美要求。这样，演员要不断做出改变，才能满足观众对审美细节的要求。因此，一个优秀的演员往往都是虚怀若谷、从善如流，以戏剧的表演与观众相识、相知。我们的梅兰芳与齐如山的交往就开始于这样的桥段。

当时因文章而小有名气的

齐如山出生于书香门弟，于京师同文馆毕业后游学西欧各国，广泛学习了西欧的舞台艺术，辛亥革命后归国任教于京师大学堂和北平女子文理学院，与戏曲界交往紧密，经常到戏曲界的一些协会，为戏曲界人士讲授新思想、提高文化修养。他在看了梅兰芳的《汾河湾》之后，为梅兰芳写了一封长信，但随后就忘了此事。因为这时的梅兰芳技艺虽未超过当时的名角，但其叫座的能力却已盖过当时京剧界最负盛名的谭鑫培和杨小楼，在齐如山心中这样的名角儿都是眼皮朝上、听不进别人意见的，何况此时梅兰芳又不知道他为何人。但令齐如山意外的是，梅兰芳再次登台演《汾河湾》时，完全按他的意

见对表演的方式进行了修改。之后，梅兰芳台上演，齐如山台下品，然后以信件方式提出意见，这样的方式维持两年后，两人才开始真正的认识、合作。由此我们看出，梅兰芳完全是把齐如山当做一个普通观众来看待的，梅兰芳的从善如流也可见一斑。对此，梅兰芳说："从来舞台上的演员的命运，都是由观众决定的。艺术的进步，一半靠他们的批评和鼓励，一半靠自己的专心研究，才能成为一个好角，这是不能侥幸取巧的。"

中国戏曲的艺术是一种高度象征主义的艺术，戏剧的服装、道具、布景等都是为其表演艺术服务的，因此舞台上所用的物件或器具，其式样、质料、轻重、大小、

长短都要与生活中的实物有所不同。有的予以夸张、放大（如酒杯、印盒等），有的则予以缩小（如城、轿、车等），甚至以鞭代马，以桨代船。目的都是为了适应演员各种各样的表演环境，为不受时间、空间限制的虚拟环境提供条件。在中国戏曲发展的过程中，形成了昆曲、秦腔、弋阳腔等等戏种。梅兰芳成名后，不仅尊重观众意见，并以个人魅力将第一流的文人聚集在身边共同推动京剧的艺术发展，同时对其他的戏种表现出敬畏及尊重。昆曲作为梅家几代人学戏的基本功，梅兰芳终生从中

受益，除了对剧本的借鉴外，还将其曲调、身法、道具、服饰等等吸收进京剧之中，提高了京剧的艺术品位。与此同时，梅兰芳每到一地表演，都会观看当地地方戏的表演，与地方戏表演艺术家进行交流，听取他们对于京剧的意见。

梅兰芳的从善如流使他身边围绕了一批愿意为他的技艺精进而努力的名士，而他的书房缀玉轩此时就成了他们饮茶品戏、坐而论道的所在。这里有冯幼伟、齐如山、李释戡、黄秋岳、罗瘿公、王梦白、陈师曾、齐白石、姚茫父、易实甫、樊樊山等等，时人称他们为梅党。这其中，齐如山、齐白石自不必提，今日我们对他们的了解已经很深。冯幼伟与蔡锷同期毕业于黄埔军校，民国期间在各大银行先后任董事和总裁，对梅兰芳的人生影响最大、帮助最多。李释戡为民国将军府将军，为缀玉轩雅事的号召人。而其余或为进

士、翰林一流的遗老，或为学成归国的欧美留学生，与他们的交往使梅兰芳成为具有深厚中华文化底蕴的艺人，宛然举止文雅风流的书生。

1917年，北京把梅兰芳选为全国第一名旦。此时，梅兰芳已是出了名的有钱人。外交宴会，官员商人之间的应酬，没有梅兰芳出席便不能尽兴，梅家竟成了“外交部”。 瑞典王子到他家，看到一块玉石图章爱不释手，他便慷慨相赠，王子当上国王后将它陈列在皇家博物馆中。泰戈尔来了，两人互赠礼物，梅兰芳赠送自己的唱片，泰戈尔回赠一把纸扇，上面分别用孟加拉文和英文以毛笔写上送给梅兰芳的诗，中文译为： 亲爱的，你用我不懂的/语言的面纱/遮盖着你的容颜/正像那遥望如同一脉/缥缈的云霞/被水雾笼罩着的峰峦。1919年，美国一批银行家组团到北京游玩，请梅兰芳唱了三十分钟，给了三千美元的酬金，创下了当时世界上艺人收入的最高记录。

但梅兰芳没因为成功而自满，更没有因钱多而富贵逼人。他孜孜不倦，勤奋学习，在北京深居简出，除了在舞台上，很少有人能看到梅兰芳。当时欧美的画师们想给梅兰芳画一两张速写画也很难如愿，据说是因为梅郎羞涩而怯于交往，不愿见人。此时的梅兰芳除了勤于练习本行技艺外，还勤于习字学画，读诗看词。虽写不出汉晋风骨的妙笔，作不出唐宋的山水墨画，但其丹青秀如其人，梅花疏影横斜，对于一个艳压桃李、声妙绕梁的名角儿来说，这已属罕见。同时，每天都要登台演出的他压力可想而知，但他不抽烟不喝酒，饮食起居都极有规律，对于戏剧的热爱与钻研让他享受舞台上的每个瞬间。那些想曝光他私

生活的西方记者在一番追逐倾谈之后，被梅郎的文人气质征服，专门撰文赞扬他，并以此讽刺西方艺人不修边幅的习惯。当时与他熟识的人，对他都有这样的一个共同印象，即他是一个极有修养的青年学者，梅兰芳少时的文秀可怜气质已成长为虚怀若谷的胸怀、从善如流的美德。

（二）文人匠心

京剧在清末称为乱弹，意思为乱弹一阵。清代北京作为首都所在，外省大员们、封疆大吏们、举人秀才们、地主富商们来自于全国各地，爱好各异，所以各种地方戏戏班都在此开班演戏，秦腔、梆子、黄腔、汉调等等无不具备，你方唱罢我登场。有些戏楼为了吸引爱好各异的观众群体，往往将其统合编排进行联合演唱，宛如一场春节联欢晚会，故称乱弹。到了梅兰芳这一代，乱弹才真正成为整体的艺术，例如南梆子曲牌出自河北的梆子腔，西皮则出自秦腔，此时融合在一起，可以完整地进行一出剧目的演出。

京剧出自民间，大锣大鼓适应田野演唱，以吸引路人，但放到精致的舞台上，就会显得聒噪。而当初一些为吸引眼球的色情动作虽然依然可以引得一片掌声，但之后就会被那些个满嘴仁义道德、满肚子男盗女娼的士官大夫们骂得体无完肤，因此必须变得雅致方能使那些涉及男女情意的表演色而不妖、浪而不淫。唱时要专注于声音的运用，以嗓音的高低、徘徊来塑造戏曲内容的意境，使观众如身临其境，获得美的感受，而

不能用高嚎叫、狠咂嘴、猛摇头、快摆手、紧跺脚等轻薄动作来获取观众的掌声。而此时的京剧之中却充斥了这些动作和唱词。

梅兰芳的从善如流使那些通晓音律的文人们对京剧进行了从里到外、从头到脚的改革。1913年，梅兰芳为上海的“文明戏”吸引，并受陈独秀、柳亚子等最早一批提倡戏曲改良者的影响，开始编演新戏，从而引发了京剧界大排新戏之风。齐如山与李释戡，成为梅兰芳新剧本的“操刀手”。这些新戏有两类，一类是所谓时装戏，多穿现代服装演现代人的故事。但做了些这类尝试后，梅兰芳发现现代生活与

京剧艺术表演的手段之间无法进行很好的结合。京剧是在传统社会基础上对人性美的探寻，因此各种技艺的使用都是建立在旧式服装运用的基础上，比如台步、水袖这些技术的创设都源于古代服装的特点和关于美的认识，因此需要的是彻头彻尾的变革，而不是改良。在尝试之后感觉到别扭，梅兰芳便放弃这个路子转向第二类，即新编古装戏。这条路成为京剧改革的最主要路径，直到20世纪60年代大演现代戏才被中断。从而梅兰芳最后成功的改革创新并不是表面形式的翻新，也不是投机钻营的见好就上，它是对中国文化思想体系的发展与更新，更是对当时社会改革思维惯性的超越和对传统戏曲观念的摆脱，更贴切、更完美地服务于好的视觉、好的声音，使京剧中抽象的故事变得有声有色，韵味无穷，从而达到虚

实结合、以实显虚、凭虚求实的艺术境界。

首先对京剧的内容进行了删改。英雄美人的故事不再如以前乱弹时期那般粗俗色情，修改之后的字句虽然同孔尚任的《牡丹亭》、王实甫的《西厢记》相比仍显得俗不可耐，昆曲的文人雅士们依然将京剧归为俗乐，但已摆脱了粗俗与不堪，进入了典雅的行列。

其次是表演形式和表演技巧。梅兰芳的服装、配饰、音乐、身法、舞台也都在历史的考据与专业的研究中找到了依据，甚至细致到梅兰芳那迷人的手指在不同的旦角中要以什么样的姿态、沿着什么样的曲线前进、翻转、收回、停留，都进行了深刻的探讨与实验。乐队被大大地改组合并，昆曲中的笛子被适当地运用，其他一些古乐器也被挖掘出来，并通过合乎乐理的合奏编排、组织从而构成了中国乐器的乐队，那震耳欲聋的大锣大鼓受到了适当的约束，二胡、京胡成为主要乐器。在乐师方面，当时一流的京胡乐师徐兰园与二胡乐师王少卿的合作使京剧有了双琴和五音联弹制度。这之后都成为梅派戏剧的特点，并为其他戏剧表演家所借鉴发展。

最后，这些家学深厚又留学西方的梅党文人们还为梅兰芳带来了世界前沿的乐理知识。在这种乐理知识看来，中国旧剧的演出中，艺人是以舌头念，而不是用声带来唱。通过对世界前沿乐理知识的学习，梅兰芳改变了发音的位置，并将现代进步的戏曲原理吸收到中国的京剧之中。

通过三个方面探索的实践，

也经过了一些失败，京剧在梅兰芳的手中结出了硕果，形成了很多经久不衰的剧目，如《宇宙锋》、《凤还巢》、《天女散花》、《霸王别姬》、《贵妃醉酒》等，后来都成为了京剧经典剧目。这些戏不仅好听好看，声色兼备，而且雅俗共赏，提升了京剧的文化档次。可贵的是，这种吸收与改变并没有损害中国戏剧古色古香的传统。所以梅兰芳一张口，别说一般戏曲演员，即使是三大名旦也立时失声。时代是一步一步前进的，最好保持着记忆往前走。

（三）雅俗共赏

王国维先生在《人间词话》说词有三种美，即："昨夜西风凋碧树，独上高楼，望尽天涯路。"此

第一境也。“衣带渐宽终不悔，为伊消得人憔悴。”此第二境也。“众里寻他千百度，蓦然回首，那人却在，灯火阑珊处。”此第三境也。第一种为阅世之后的忧世之美，如陶渊明的“终日驰车走，不见所问津。若复不快饮，空负头上巾。但恨多谬误，君当恕醉人”（《饮酒二十首》）。第二种为未阅世而保持真性情之赤子之美，如李煜的“林花谢了春红，太匆匆。无奈朝来寒雨

晚来风”（《相见欢》）。第三种为超脱世俗之外的沉着豪放之美，如李白的“乐游原上清秋节，咸阳古道音尘绝。音尘绝，西风残照，汉家陵阙”（《忆秦娥》）。这三种境界每一种都是美到极致，由此可见无论是哪一种主题，都可以传达出美，其中的关键在于有无境界。戏曲亦是如此。

中国戏曲发展到昆曲，在境界的塑造上可谓达到了美的极致，但世移事异，不同时代人们生活的境遇自是不同，虽然昆曲讲究三十年一变以适应这种变化，但其精致成熟的结构非大人物无可变更，遂昆曲已成为明日黄花，不能再带领中国戏曲继续向前发展了。此时来自乡间的京剧，在梅兰芳为首的一批艺术家的努力下，在一批学贯中西的文人的推动下，接受了历史赋予的使命，将那些个少妇思春、少女思春的戏曲故事进行修改，使演出风情十足而又不淫秽下流。这一方面通过对戏曲唱词、身段的改编来完成，但更重要的是让梅兰芳理解每出戏剧的意旨、人物的心理，从而在演出中做到了乐而不淫、色而不淫，中国戏曲进入了雅俗共赏的京剧时代。

让我们看看改变之后的《贵妃醉酒》。贵妃醉酒是一出以舞蹈为主的剧目，主要表现美丽高贵的杨玉环因吃醋喝醉后的无尽春情。改变之前，这出戏有很多黄色的词语和暗示性很强的动作和表情，演员也往往突出这些以获取观众的喝彩，但这种喝彩是对一种低级趣味的满足。经过这批文人的匠心，去除了那些损害故事本身结构的猥琐、色情的动作和表情。因此表演将重心放在表现这位宫庭内的贵妇人因深爱的男人与别的女人调笑而备受冷落的苦闷和抑郁，随着酒意渐浓，这种苦闷和抑郁慢慢变成哀怨，继而升华成春情荡漾。可一想到那个满脸胡须的李三郎此时在另一个女人的怀里，失望的玉环妃子在那白玉阶边上下徘徊，酒兴更浓，情难自已。她把双手紧紧按在腰下，懒洋洋地躺在台阶上，眼中流露出那最坦荡的春情来。这时台后的乐队打低了调子，以二胡三弦为主，奏出一段悠扬的

“柳腰锦”，接着板鼓敲打一下，京胡提高了调子，转入了二黄倒板，再转顶板，她醉态酣痴地唱道：“……这真是酒入愁肠人已醉……”此时万缕春情自丹田涌出，她委实不能自持了，不禁柔弱无力地举起手来，叫道：“高——力士，卿家在哪里？……”爱莫能助的高力士应声轻轻地跪下道：“娘娘……奴才……不……”她再举起手来招一招，叫道：“力——士。”

在这娇滴滴的声音中，舞台下千百个观众都不由自主地屏住呼吸，双手不由地搓来搓去，把那“剧情说明书”搓成了小纸球还不能罢手。男观众们恨不得冲上台去扶住“贵妇”，一脚把高力士踢开。女观众们则羞涩地脸红心跳，局促不安，因为她们知道台上这个柔肠百转的杨玉环是个真男儿。诗人易顺鼎不禁感叹：“此时观者台下百千万，我能知其心中十八九，男子皆欲娶兰芳以为妻，女子皆欲嫁兰芳以为妇。本来尤物能移人，何止寰中叹稀有……吁嗟乎！谓天地而无情兮，何以使尔如此美且妍？谓天地而有情兮，何以使我如此老且丑？”此时感慨自己“老且丑”的何止老夫子啊，就是那些风华正茂的年轻男女在梅兰芳这朵盛放的牡丹面前，也只能是颜色尽失！男人

对他只有对人间美之极致的回味与享受，女人对他虽然难免超脱于人性的占有欲与嫉妒心理，可在此时啊，却只有对美的欣赏。

同样是贵妃酒后的春情，可以如淫女般放荡以满足看客们的猥琐心理，也可以如梅兰芳这般坦荡无邪，而后者不仅非骚首弄姿的庸脂俗粉可比，而且还是人性中情感的极致！但我们的梅兰芳对人性的体悟何至如此，二十四小时之后，他就将那以身殉情的虞姬演得撕心裂肺。

力拨山兮气盖世的项羽此时为他贵族的讲究付出了惨烈的代价，被那个十足的小人——刘邦率领十万汉军团团围住，四面熟悉的楚歌不是欢迎楚霸王衣锦还乡的喜乐，而是为他行将就木而奏响的丧钟。此时，只有陪他转战多年的妃子，温柔多情的虞姬还在忠贞不移地陪着他。夫妻本是同林鸟，大难临头各自飞。此时我们民族对于女人的束缚远远没有宋朝以后那么重，不说丈夫死了再嫁，就是离婚再嫁也不会被人说三道四。何况生于战争年代的虞姬早就看惯了前朝皇后后朝再为妃的故事，此时的她可以选择静静地等待刘邦的到来。

“云敛晴空，冰轮乍涌，好一派新秋光景……”在这个秋高气爽的夜色之下，英雄已是末路的彪形大汉，身边徘徊着一个我见犹怜的女子。后台的乐队奏出幽怨的二黄南梆子，她悠悠地唱道：“……大王爷，他本是，刚强成性……屡屡

地进忠言，他总不听……”这一夜的秋色瞬时愁云乍起，只是她还没来得及将幽怨唱完，帐外便传来一阵阵杀敌声，敌人已如潮水般涌来。

绝望的她仓皇回到帐篷中，伏到大王身上。那个曾横扫秦朝大军的花脸大汉此时既无力带心爱的女人突出重围，又不忍心离她而去。情至深让人怎能不伤心，徒然的热泪满眶伴随的就是悲壮的哀鸣：“十余年，说恩爱，相从至此，眼见的，孤与你，就要分离……”小鸟般依偎在他身边的脆弱女子对他依旧忠贞不贰，在深情地凝望中，幽幽地叫道：“大——王——呀！”

这一声“大王”，台下观众的泪水潸然而下，不知不觉间已打湿了青衫。爱情如

鬼，看到的人少，可相信的人却多，所以谁能在这种情境之下不感同身受地入境与入情啊！这泪水对于演员来说是赞赏，对于自己则是安慰！《霸王别姬》是一出很老的剧目，但在梅兰芳的高超演绎下，把项羽兵败垓下自刎乌江以表现一个男性英雄人格征服政治人格的悲壮举动，演绎成了一个女子感情升华的悲剧时刻，将人类对于爱情梦想的探寻表现到了极致。出演霸王的著名武生杨小楼戏称，《霸王别姬》在梅兰芳的手中成了《姬别霸王》。

杨玉环和虞姬，是人之情、人之性中

的两个极致，但都被梅兰芳拿捏得丝丝入扣。可他的天赋又何止如此，女性中每一种美，都被他演得游刃有余。对这种女性心理的把握使梅兰芳在塑造端庄典雅、华贵脱俗的中国古典女子形象上形成了自己独特的艺术气质，而这正是中国文化对女人最完美梦想的体现。表演艺术的成熟使梅派戏剧的特点正式形成，那就是无声不歌，无动不舞，华贵、端庄、典雅中唱叹人性的反复回环，完美地表现出了中国古代女性对于感情的追求。从而，梅兰芳细腻、优美、动人的表演使京剧从低俗的小调中走出来，成为雅俗共赏的艺术。

三、三国巡演享盛誉

(一) 两赴日本

1917年，27万的北京观众把梅兰芳选为全国第一名旦。对中国文化有深入研究的日本文学家龙居濑三是梅兰芳的戏迷，喜欢之余，在日本的报纸上刊登了一篇关于梅兰芳的散文，说就算不提梅兰芳技艺之纯熟，光他的面貌之美就可以秒杀掉日本的所有美人，使她们的美丽从蜡炬成灰

到万念俱灰。这篇文章立即引来争论无数，唇枪舌剑的文字争论使梅兰芳成为公众都想一看究竟的神奇。

为了达成梅兰芳到日本演出的愿望，对梅兰芳痴迷的龙居濑三邀请日本财阀大仓喜八郎观看梅兰芳的戏剧，以获得他的支持，使他的族人们欣赏到世界级的美丽。就这样，1919年，与我们有同好的日本人，用五万元一个月破天荒的演出价，把

梅兰芳接到了东京。此后，梅兰芳拒绝了美国、法国的更高演出价邀请。在梅兰芳看来，守约是做人的准则。同时出国演出的目的在于宣传京剧，代表的是中国，不能用钱财多少来衡量，所以只能成功，不能失败。显然，到受中国传统文化影响的日本演出更容易获得成功。从而，就有了东京火车站受到记者和剧迷们挤破头般的追捧，就有了在那以辉煌灿烂号称远东第

一的东京大舞台开幕典礼中的卷帘而出。而此时这些记者、剧迷们从未见过梅兰芳，更没有看过他的戏剧。

梅兰芳在日本一个月的逗留，让六千万的日本人疯狂起来。最高票价卖到了10元，而当时日本演出的最高票价也不过4.8元。戏院场场暴满，票价在黑市上不断上涨，翻了十倍甚至数十倍。梅兰芳悠扬悦耳的唱腔、袅娜多姿的舞态、庄雅恬静的台风，深深地感染了日本观众。男子不必提了，日本少女们也为之倾倒，有的干脆痛快淋漓地写起情书来。日本的艺人们

纷纷开始效仿梅兰芳的舞蹈，并称之为梅舞。日本的皇后和公主因梅兰芳的美丽而自惭形秽。这也难怪，那坐在第一号包厢内的皇后和公主们所穿的服饰，也不过是那被日本派往唐朝的留学生带回去的，而且还只是长安市上妇女所穿的样式罢了，和我们长生殿内的“凤凰”——杨贵妃所穿出来的宫廷服装如何能比！

生于一个以人际关系为主的社会，任何希望的实现都与此有关。生于乱世，任何的事情都不免受到政治的影响。1919年5月4日，中国爆发了对现当代中国影响极深的五四运动。中国和日本之间的关系变得敏感起来，虽然梅兰芳受到日本民众的狂热喜爱，但两国政府之间的摩擦使两国国人的生活都变得风雨飘摇、身不由己。在左右权衡后，梅兰芳决定遵守合约，但要求拆除剧场悬挂的“中日亲善”的牌子，以表明自己鲜明的爱国主义立场。今日看来，很多人认为梅兰芳此时的演出改变了日本人心中对中国腐败、落后的印象，继唐朝之时再次认识到原来中国美术、戏剧等文明是如此富丽堂皇，并非只是缠足、赌博、吸鸦片等。但当时左倾学者对古典戏剧一贯讨厌，更是由此攻击梅兰芳，甚至说梅兰芳“嘴唇太厚”的人身攻击都

见于报端。由此可见，人生于声名之不易。对此，梅兰芳都淡然处之，坚守清者自清、浊者自浊的处世哲学，专于自己技艺的精进。

近代日本给我们留下的是侵略的印象，但实质上，在全面侵华之前的短暂时间段内，两国之间的关系总是处于微妙的变化之中。1923年，日本关东发生大地震，继而东京、横滨和附近城市发生大火，出现海啸和反复的地震，死亡人数达20万之多。梅兰芳在中国组织了义演，为日本筹得了万余元的善款。1924年，新上台的加藤

内阁对华采取了和解政策，中日民间的往来再次增多。为表达对梅兰芳义演的感激之情，同时更源于日本人对梅郎的爱慕，大仓喜八郎以庆祝自己的88岁寿辰为由，再次邀请梅兰芳到日本演出。

在此期间，鉴于梅兰芳在日本的人气，每次都作为压轴演出，同时表演了《麻姑献寿》、《红线盗盒》、《黛玉葬花》等不同种类的花旦戏。这次访日，梅兰芳每天

的演出都换剧目，而不像第一次来日本时，为了满足日本人的好奇，每天上演同一出他们比较容易接受的剧目。这样，日本人对于京剧的了解更为深入和立体。在这样的背景下，日本帝国电影公司趁势拍摄了《虹霓关》、《廉锦枫》和《红线盗盒》的无声黑白片电影，日本蓄音商会录制了《虹霓关》、《廉锦枫》、《六月雪》、《天女散花》、《贵妃醉酒》和《红线盗盒》的唱片。日本观众对于他的喜爱甚至到了要梅兰芳一直留在日本生活。

两次赴日演出的成功，使梅兰芳的名声漫及到全球，引发了全球人对梅兰芳的兴趣。于是，无论是文艺界的明星诗人、政界的王储公使、实业界的经理董事长还是教育界的专家教授访华，一定要拜见梅兰芳，一睹他的芳容。所以我们说，我们记住梅兰芳，不仅是因为他为祖国人民奉献了精美无比的艺术，而且还因为他以自己的声名，在我们的民族为全世界所轻视和侮辱之时，向外国观众宣传了京剧及我们民族的文化艺术，使他们认识到经济与军事的落后不意味着文化也落后、经济与军事

的强大并不意味着精神上的强大，经济、军事与人类生活的富足有时是背道而驰的。

（二）留美博士

与中日紧张而又变化无常的外交关系相比，20世纪20年代，美国对于处于东半球的这个文明古国的态度是友善多于尊敬。他们既为这个遭受异族掠夺的弱国慨

叹，也对那些与他们有关的长辫子、烟馆和赌窟的传闻充满了好奇，但从不知道这个民族还有着悠久的历史和灿烂的文化。

为此，1926年，胡适、张伯苓、梅贻琦、杜威等几位中美的学者获得美国联邦政府教育部门的财务支持，成立“华美协进社”，以促进中美之间的文化交流。华美协进社做的第一件事，就是邀请梅兰芳访美，试图通过一台既有艺术魅力，又有教育意义的中国戏剧，改变美国人对中国文化根深蒂固的传统偏见。但这并不是一件容易的事情，很多看过中国戏剧的西方人，

认为它完全缺乏艺术美感，那些从肺部挣扎而吐出的音节听起来像被袭击后而发出的惨叫声，一位法国海军军人甚至说那唱腔：“高到刺耳以至无法忍受的程度，那尖锐的声音如同一只坏了喉咙的猫的叫声。”为此，梅兰芳、齐如山等人一致认为赴美演出，必须精心做好准备，同时也做好接受失败的心理准备。

这次赴美演出属于民间行为，因此行程和演出的费用都要由梅兰芳自己负责，此事由冯幼伟、司徒雷登负责，他们利用自己的社会名声筹到15万元，凑齐了演出所需要的费用。为了适应西方观众的嗜好，齐如山、冯幼伟等缀玉轩的成员对梅兰芳的京剧做了彻头彻尾的整理和加工。齐如山对梅兰芳的京剧进行了文字、照片的整理，而其中最为重要的则是把戏剧音乐五线谱化，以便美国观众可以按五线谱识别中国戏剧的音乐。北京大学音乐系的刘天华教授接受了这一项繁重的工作，通过对

中西音乐家的咨询，刘教授把梅兰芳的几大名曲都进行了五线谱化：西皮谱入F调，二黄谱入E调，南曲谱入D调，再用中英文分别印出。新定制的乐器以象牙、牛角、黄杨和紫檀为材料，旧式描金手法的运用使它们不仅音质上乘，而且古典美丽，同时加入了瑟琶、阮咸等旧式管弦乐器，用以红锦缎为里子的楠木盒子装上，中国味道浓厚而奢侈。但在舞台设置上却完全体现

了中国特色，舞台完全采用故宫里的戏台模式。剧场门口挂演宫灯、几十张画片以及梅剧团特有旗帜。剧场内挂了许多画了人物故事、花卉、孔雀翎的纱灯，剧场墙壁挂满介绍中国戏剧的宣传画。同时，为剧场工作人员和乐队人员统一定做制服，这其中包括在剧场内工作的美国服务员，以使观众步入剧场就能体会到古色古香的中国文化。

鉴于美国媒体对于中国文化的猎奇心

理，缀玉轩的成员还对赴美成员进行了国外生活起居的规矩训练，例如如何拿刀叉，怎么吃面包，国外的菜式有哪些，如何吃，并到国内的正规西餐厅去训练。

经过四年的准备，梅兰芳终于在1929年年末，与21名同行登上“加拿大皇后”号轮船，在胡适、胡伯平、杜月笙、张啸林、黄金荣等社会名流的欢送中，由上海出发，经过数日的航行抵达被称为“五洋杂处”的世界第一繁华的大城市——纽约。在纽约火车站，由美国已故总统威尔逊的夫人领衔组成的“赞助委员会”正满心欢喜地等待这位东方艺人的到来。

梅兰芳抵达纽约之时，日本和西欧各国的演员也于同期来美演出。但纽约的新闻界对梅剧团给予了最多的关注，这其中的原因不是因为他的盛名，也不是因为美国名流的赞誉，而是因为他能以“男人扮女人”的“怪事”。除此之外，则是对梅兰芳静观其变的旁观态度。《纽约时报》以半瞧不起的口吻评论到，你们要看东方的戏剧，就要不怕烦躁，看躁了，朋友，你就出去吸几口新鲜空气……又说梅兰芳虽然扮成女人，但只有脸和两只手露在外面。在这种社会对他怀疑和看热闹的心态中，梅兰芳开始了如履薄冰的演出。

2月17日，梅兰芳在纽约第一次的正式演出开始了。这次演出总共两个小时，演出《汾河湾》、《青石山》、《红线盗盒》以及《费贞娥刺虎》四出戏。开始由著名教育家张伯苓的弟弟、具有美国名校博士学位的张彭春教授以英文介绍中国剧的组织、特点、风格以及一切动作所代表的意义，然后由在美华侨杨秀女士用英文作剧情说明。

第一个演出的剧目是《汾河湾》。薛仁贵从军十八

年封王后回家与妻子团聚，发现床下有双男子的鞋子而怀疑妻子有奸情，于是想杀死妻子柳迎春。后来经过一系列的解释才知道鞋子是孩子薛丁山的，当他知道薛丁山就是自己在汾河湾所误伤的孩子后悲伤不已，夫妻俩哭着奔向汾河湾。这出戏名被翻译为《可疑的鞋子》，这让台下的观众好奇地笑了好一阵。

戏院的灯光在悦耳动听的管统乐声中暗了下来，光彩夺目的丝绸绣幕呈现在他们面前。丝绸在美国观众的心中可是奢侈品的代表，所以一下子让他们安静了下来。这时，乐声忽停，辉煌的舞台后面闪出一个婀娜多姿的东方女子来，蓝色丝织品的长裙显然与中国女子穿的像口袋一样的布长筒有很大的不同。继而，细微

的乐声再起，她缓缓地兜了两个圈子后忽然停了下来，接着就是一个反身指，细腻的皮肤在优雅的曲线中呈现在观众面前。原来，这位中国女子并不面黄，相反，它荡漾着珍珠般的光泽，她还有吹弹可破的皮肤及秋水般脉脉含情的双眸。裸露在外面的手则柔若无骨、细致动人，这双手后来被美国雕刻家一致公认为世界上最美丽的手。立时，台下观众对那未裸露出的肌肤

充满了憧憬与遐想。

此时，音乐悠悠地传出，“儿的父，去投军……”内容他们虽然不懂，但声音之柔和愈发显得这个女子雍容华贵。这个落了难的女子虽无华衣珠宝来装饰，但仍难以掩盖她华贵的气质。她在台上忽而转身低腰，忽而水袖翻转，观众慢慢地随着乐曲飘向那个神秘的国度。直到锣声响起，绣幕落下，观众这才从春梦中苏醒过来，如潮的掌声响起。

压轴戏《费贞娥刺虎》更是非同凡响，这个东方新娘在衣饰华丽、身段美好上做到了极致。演出结束后，台下观众久久地站在那里不肯离去，不停地鼓掌，让梅兰芳谢幕次数达到了破记录的15次。梅兰芳起初穿着戏服、道“万福”谢幕，后来换成长袍马褂，温文尔雅含笑鞠躬。这时，观众们才发现原来美娇娘竟是个风流少年。这一下子让那些女观众疯狂起来，苦苦哀求他换上西装，并蜂拥上台献花，花篮献了五十多个，花束献了二十多个。谦和、柔弱的梅郎穿着黑色的小西装羞涩地将花束抱在怀中，接了这束，掉了那束，观众们的热情更加高涨起来，似乎誓要与他们的梅郎闹个通宵。最后，剧院主人出来说梅兰芳太辛苦了，希望大家能够体谅他，明日再来，人

们才恋恋不舍地离去。

此时，那些等着看梅兰芳笑话的美国媒体一下子来了个360°大转变，各大报纸的盛赞、美誉铺天盖地。《纽约世界报》发表个评：“这是我看戏生活中最美妙也最兴奋的一个夜晚。梅兰芳在舞台上出现三分钟，你就会承认他是你所见到的最杰出的表演艺术家之一，他集演员、歌唱家和舞蹈家三位于一身，而又水乳交融，你简直看不出这三种艺术相互之间存在什么界限……”《纽约晚会报》说：“美国观众欣赏到的是梅兰芳这位演员特殊的品质：他对身躯绝对的掌控能力，他那对异常灵动的眼睛和那双柔弱婉转的手，他那融为一体的表

演体系，和他那融入角色中的情绪表演。”

《纽约晚邮报》评论道：“你不需要花太多的工夫就能认识到梅兰芳是一位多么罕见的风格大师，作为一名演员，天赋是多么的非凡。他以变化多端的表演方式演示他那炉火纯青的艺术，这表现在他所完成的各种手势的方式上，表现在他用极其优美的手势摆弄行头而出现每个新位置时手指的细纤的姿势上，表现在他运用身躯的准确性上，同时也表现在他的一切动作都显然是一幅美丽的图画。”

就这样，梅兰芳一夜之间在纽约变得家喻户晓。三天内，观众们将两个星期的门票全部抢空。黑市上更是前所未有的将票价翻到原来票价的两倍之上，

门票价最高是6美元，而黑市上要卖到20美元。媒体的赞誉一日胜过一日，使原计划两个星期的演出不得不增加至五个星期。就这样，梅兰芳的艳名从东方传到了西方，成为美国女人们的最爱。有的女孩子，抱着一束花在梅兰芳所住酒店门前徘徊，看到梅兰芳出现后，就将花塞在她的梅郎怀中，羞涩地转身逃走，在远处看梅郎的反应。这不仅让人想起古代美男潘安坐车出门，被一路的女人扔来水果、鲜花的故事。就这样，梅兰芳在美国的声名大

盛，演出之时万人空巷。美国人最迷恋梅兰芳的手指，他的“摊手”、“敲手”、“剑诀手”、“翻指”、“横指”更成为无数淑媛们模仿的对象，车上、课堂上、舞台上，到处都是梅兰芳的手。

纽约五个星期的演出结束后，梅兰芳剧团抵达芝加哥，在公主戏院演了两个星期。到旧金山演出12天，再到洛杉矶和檀香山各演12天，共历时半年。所到之处，政界、学术界、工商界、新闻界、戏剧界对他

无不赞誉有加，以礼相待。为了能够与梅兰芳一叙，各方名流也尽其所能，争抢起梅兰芳来。还好我们谦和、柔弱的梅兰芳可以从容应对。惭惭地，梅兰芳访美之行从商业的性质转变成为学术的性质，社会各界以艺术家的身份来接待梅兰芳。在此期间，梅兰芳还受到了各市市长的迎接，受到了芝加哥、哥伦比亚等知名大学教授的欢迎，结识了卓别林，拍摄了自己第一部有声电影。在访美之行快结束时，梅兰芳更是被美国西部的两所大学——波摩那学院和南加州大学分别授予名誉博士学位。由于美国大学要自筹经费，因此格外看重学校的声誉，授予博士学位必须考虑获得者个人的品行与社会影响，以达到增加学校声誉的目的。

（三）访苏之行

访美归来后，九·一八事变爆发，两次出访日本并深受日本人民所喜爱的梅兰芳自然成为日寇争抢的对象。为此，梅兰芳举家搬到上海，以避开日寇的骚扰。同时编演新戏《抗金兵》、《生死恨》，以宋代女性的贞节故事激励国人保家卫国。

1935年，斯大林的一纸电邀和数十封外交部的电函使梅兰芳踏上了前苏联之旅。与访美之旅相比，这次出国演出要轻松很

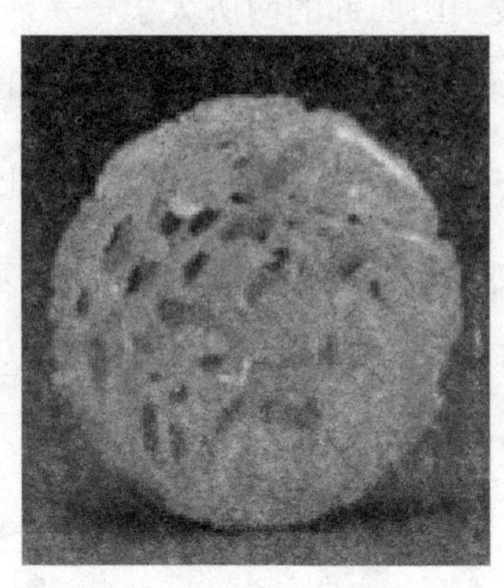

多。由于是政府的邀请，因此梅兰芳无须在经费上多作考虑，而且当初访美之行准备的设备都可以继续使用，在美国的演出经验也可以起到帮助。在以前苏联戏剧、电影、文学界知名人士和外交高级官员组成的“招待梅兰芳委员会”的精心安排下，梅兰芳与当时中国最出名的电影演员胡蝶一起从上海登上“北方号”轮船，绕过已成为伪满洲国的东北，以表示对日寇的蔑视，在海参崴登陆，换乘西伯利亚快车到达莫斯科。

由于此次出访为官方行为，并且出访

的是当时与美国政治体制完全不同的前苏联。所以媒体早在梅兰芳到达之前就开始了铺天盖地的正面宣传。名作家特列加科夫在苏共中央机关报《真理报》上撰文《梅兰芳，我们的客人》；《共青团真理报》称梅兰芳为“中国艺术的伟大代表，我们的朋友”，并对中国戏剧的发展及梅兰芳为戏剧作出的改革作了详细的介绍；《苏维埃艺术报》介绍了梅兰芳的艺术成就，并精选其剧照进行刊登。而负责梅兰芳访苏之行的前苏联对外文化协会更是编印了介绍梅兰芳和中国戏剧的小册子，包括《梅兰芳与中国戏剧》、《大戏院所演三

种戏之对白》，并利用自身的权力向所有莫斯科居民发放，使梅兰芳未到前苏联就已是家喻户晓。

在这种积极正面的宣传攻势下，静候梅兰芳演出的莫斯科大剧院门前排起了购票的长队，3月23日开始的演出门票在3月5日就被抢售一空。这个建于沙皇时代、内部装潢华丽、三面包厢、共有六层的国家剧院曾被规定只能上演歌剧和芭蕾这等高雅的艺术，此时却为中国的京剧敞开胸怀。

虽然是官方的演出行为，但我们不得不说，演出充分考虑到了观众的感受。每

出戏表演之前，都有翻译分别用英、法、俄、德文向观众介绍剧情，让观众可以知道那美轮美奂的表演的意义，从而可以更放松、更尽情、更有目的地欣赏演员的表演。演出受欢迎的程度远远超出了梅兰芳的意料，每场演出都要谢幕10次方能结束，最后一次演出竟然谢幕达18次。前苏联外交人民委员会委员长李维诺夫人每天都要送花以表示喜爱之情，莫斯科的小孩子在路边看到衣冠整洁的中国人就追着喊“梅兰芳”，　而在那包厢之中，不仅有以高尔基为代表的前苏联文艺界人士为梅兰芳目不转睛，而且还有政府的各种高官莅临欣赏。

前苏联之旅，除了向世界展示了中国的戏剧之外，梅兰芳最大的收获是与当时戏剧界的大人物有了深层次的交流，除了与文学巨匠高尔基、著名电影导演爱森斯坦畅谈戏剧艺术外，还与斯坦尼斯拉夫斯基、丹钦科、梅耶荷德等前苏联大戏剧家就戏剧理论进行了探讨，中国戏剧表现手法的独特性得到了高度的评价与确认。以戏剧革新著称，后来因此被前苏联政府处决的著名导演、剧论家梅耶荷德对他的同行们说："看过梅兰芳的表演再到我们的戏剧院去走一遭之后，你们就会说：可以把我们所有演员的手都砍去，因为它们毫无用处。既然我们看到的这些手，不过是从袖口露出来的一个肉疙瘩——它们既不能表现什么，也不能表达什么，或是只能表达一些不该表达的东西，那么，我们何不把这些手砍去算了。”从此，梅兰芳这个名字，也就成了一种戏剧理念与模式的代名词，与斯坦尼斯拉夫斯基、布莱希特并称世界三大表演体系。

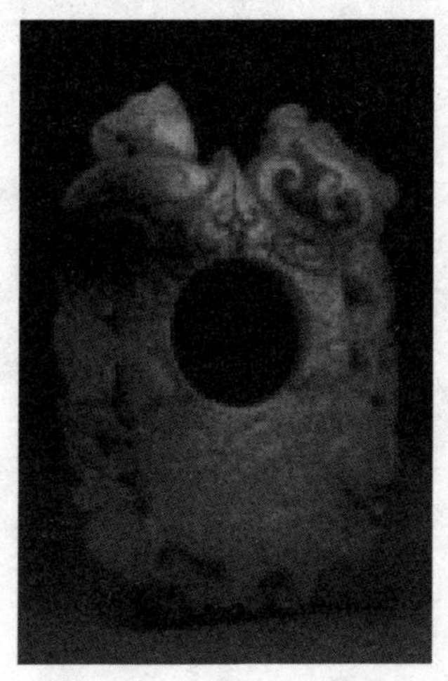

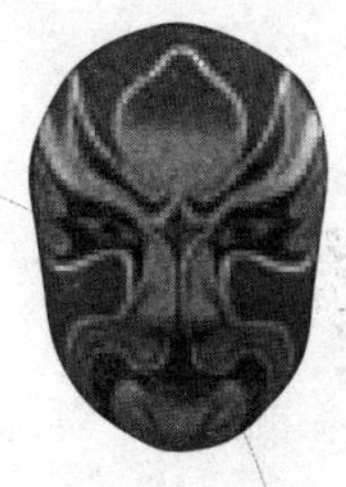

四、世事起伏表名伶

(一)梅郎蓄须

从前苏联归来后，我中华民族的国难愈发严重起来。占领了东北的日寇誓要一举夺取我中华民族的大好山河，于1937年发动“七七”卢沟桥事变，开始全面的侵华战争，北京随即沦陷。这个受尽了百年屈辱的东方巨龙终于无耐地、慢慢地苏醒，尽管它还要为此付出八年的浴

血奋战。从长江到黄河，从东北到华南，我们这个民族必须承受住黎明前的黑暗。从黑暗到光明的流转在我们中华民族的历史上曾无数次地重演，这让我们的族人坚信我们可以获得最后的胜利。只是每次黑暗都要牺牲我们无数的族人，数十万、上百万青年的鲜血仍挡不住野兽般的日寇，一座座富丽辉煌的城池在野蛮的炮声中化为灰土。对于曾征服日寇的梅兰芳，而今日却被日寇视为可以

宣扬和平、进而从心灵上征服我中华民族的工具，那个曾让日本女人迷恋的梅郎今日却要在生命与尊严、苟活于世和民族大义之间，进行艰难的选择。

为了躲避日寇的逼迫，梅兰芳在冯幼伟的帮助下，借口香港有演出，退避到当时由英国统治的香港，深居简出，白天以学英文、画画、打羽毛球打发时间，晚上则关紧门窗，吊嗓子练曲，在忧虑中数着指头过日子，期待解放，更期望解放之后可以重登舞台。在这期间，照顾梅兰芳并

与梅兰芳同台多次的著名武生演员杨小楼在北京去世。北京沦陷后，杨小楼就一直称病不再登台，希望能装个十年八年熬过战争，可是却在忧虑中年仅61岁就离开了人世，告别了他所钟爱的京剧。这个京剧界举足轻重的人物给慈禧演过戏，在民族的苦难面前，他一直坚守着自己的操守，如戏剧中所提倡的忠、孝、节、义那样珍惜人生，走完人生。转身之后，留给世人坚毅的背影。

北京沦陷后，虽然我们的族人对于胜利的期望越来越强烈，但抗战却一日比一日艰难，1938年10月，广州、武汉先后陷落。意志薄弱的汉奸们为了个人的利益，以为“国家民族着想”之名，行投敌卖国之事。汪伪国民政府成立后，汪精卫以还都之名导演了汉奸们最大的丑剧，以出卖国土的利益表示抗战已经“结束”。1941年12月8日，日寇围攻香港，太平洋战争爆发。香港只抵抗了18天就落入日寇之手，日寇自然知道梅兰芳此时的政治价值，试图胁迫他出来唱戏以彰显和平。只是，聪明的梅兰芳在日寇刚开始攻打香港之时，就在他白壁无瑕的上唇上蓄起了胡须。

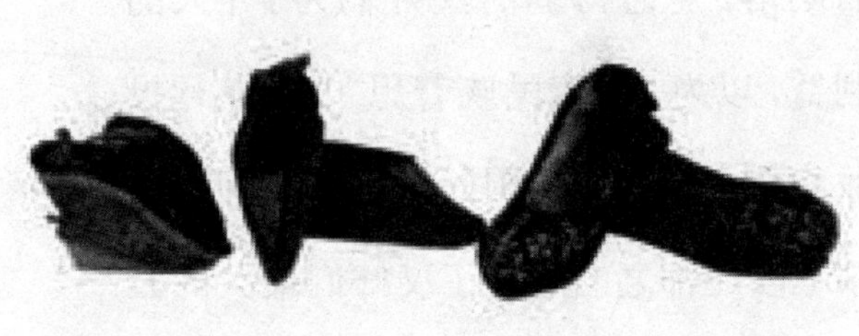

作为旦角演员，每天都要刮脸，有时甚至要用镊子将胡子一根根拔掉。所以当你看到旦角演员留起了胡须，就知道他已退出舞台，不能再唱戏了。以前的旦角走到这一步多半是因为年龄的原因，诉说着再怎么样的美丽动人也没能敌过似水流年。而我们的梅兰芳此时虽已四十几岁，但仍属旦角的好时光，何况他的声名正如日当空，从东方到西方，哪一个时尚男女、哪一个上流人士不知道我们的梅郎呢！可为了祖国，为了养育了他的民族，

他坦然地抛给司令部一句话："我年纪大了，扮相不好看了，嗓子也坏了，已经失去了舞台条件，唱了快四十年的戏，本来也应该退休了，免得献丑丢人。"面对世界级艺人梅兰芳的如此回答，对方也只好作罢。对此，日寇内部报刊称："日本驻上海派遣军司令官松井石根大将想看梅兰芳的舞台表演并派人去找，可是扮演旦角的梅兰芳因留胡子的缘故而拒绝登

台。”之后，日寇召开庆祝占领香港的“庆祝会”、无耻的汪伪政府“还都”都曾软磨硬泡一番，试图借梅兰芳之声名“歌舞升平”一下，梅兰芳或称病、或说嗓子不行、或讲剧团不在身边，都拒绝了。在梅兰芳心中，就算为此失去生命，他也要守住民族大义。留须的梅兰芳，比舞台上的杨玉环、西施更加美丽，更加令人敬仰！

相形之下，一些读圣人书的士大夫们却为名利而甘心做奴隶、做汉奸。他们曾无数次地骂戏子无情、婊子无义，以显示自己的高贵洋气，可在用生死存亡考验他们常常说的情义之时，他们的表现却远不如身份低贱的戏子，他们的表现用卑贱无耻来形容都显得不够分量。尊严不选择身份，卑贱却反映人格。在那些以钱为尊的士大夫心中，没有什么是非卖品。可在有礼义廉耻的平民百姓心中，在人命贱如草的战争年代，却忠、孝、仁、义，哪怕是为此付出生命，也在所不惜。与以走狗的身份活着相比，梅兰芳宁愿选择在饥寒交迫中等待黎明，把美丽的华年藏起，守着尊贵的尊严，变卖古董、收藏、家产，作画、卖画，以度余生。戏剧大师田汉作诗赞许：“八载留须罢歌舞，坚贞几辈出伶宫。轻裘典去休相虑，傲骨从来耐岁寒。”

（二）国族之华

香港沦陷后，梅兰芳认为在香港已失去了回避日寇的意义，还不如回到上海，可以与妻儿患难与共。1942年，梅兰芳回到已是满目疮痍的上海，见到因听说自己遇难而突然患上面部神经抽搐的妻子，梅兰芳恍如隔世。可

是，此时上海的环境比香港更为恶劣，梅兰芳不得不更加小心谨慎地生活，闭门谢客，靠读书作画打发日子。尽管如此，那些走狗汉奸们仍不罢休，为了给伪汪政府增光添彩，他们找出各种理由、想出各种手段来胁迫梅兰芳为日寇侵华服务。在留着胡须的梅兰芳面前，他们知道逼梅兰芳登台演出已没有可能，于是又想出让梅兰芳登台讲话的主意，使梅兰芳不得不自残才能保住名节。

让梅兰芳登台讲话的消息传来后，梅兰芳与朋友商量之后，想出了唯一可以解决问题的办法，那就是给梅兰芳连续打三针伤寒预防针。梅兰芳的身体一向有个毛病，那就是注射预防针后就会发高烧，为他注射伤寒预防针，不仅会让他有高烧的症状，而且还会有伤寒的症状。在那个时代，伤寒相当于今天的癌症，属于不治之症，得上之后自然再不能出席任何活动。当然，这种自残会对梅兰芳造成很大的身体伤害，但梅兰芳早已决定宁死都不为日寇演出，所以他非常从容地打了三针。日寇军中的医生在反复检查确认后，不得不悻然地离开。

岁月如流，日寇终于走上了本属于它的绞刑架。因战争而颠沛流离的族人们沉浸

在苦尽甘来的喜悦之中，断井颓垣边到处是亲人相拥的场面。还好，家园犹在，八年的艰苦总算有了凭借。梅兰芳听到这个消息后，穿着笔挺的西装和闪着光泽的皮鞋，用一把折扇遮住脸，婷婷娜娜地踩着轻盈的步伐，缓缓地走下楼来。折扇缓缓挪开，那些正欢呼雀跃的朋友们看到的是一张白璧无瑕的脸。原来，梅兰芳第一时间剃掉了留了三年的胡须，因为他

又可以在闪着光泽的舞台上为我们的族人表演他举世无双的艺术了。

1945年10月10日，梅兰芳正式重登舞台，以歌舞升平来庆祝抗战的胜利。虽然，八年的艰苦岁月，八年的艰辛等待，八年的艰难度日，51岁的梅兰芳已不如以前那般文秀可怜，嗓音也起了变化，但都无损他巨大的号召力，他依旧可以唱得风生水起。营业性的演出一经恢复，就场场

爆满。

演出的第三天，蒋介石和宋美龄来到现场，与梅兰芳及家人见面交谈。蒋介石对他说："你是爱国艺术家，今天可称幸会。"宋美龄说："Dr.梅，你能坚持不为敌伪演出，使全世界都知道中国有个不怕刺刀的演员，给中国人长了志气。"蒋介石题字相赠："国族之华"，上款为"兰芳博士惠存"，下款是"蒋中正"，并盖上印章。梅兰芳将字收起后，就将它锁进了橱

柜，他不想，也不需要借执掌军政大权首领的威势而炫耀自己。但“国族之华”之称呼却实至名归。

此时，四大名旦之一的程砚秋也在上海开唱。1936年时两人曾在北京上演过这样的对台戏，当时程砚秋32岁，梅兰芳42岁，两人都属盛年，梅兰芳赢得了更多的观众。北京观众有幸聆听。而今，程是他当年的岁数，他却已是知天命的年龄，一个旦角韶华已不再的年龄，但两人仍打成平手。上海戏迷大饱眼福。

因抗战而暂时和平共处的国共两党

关系在战争胜利后又一日紧张过一日。双方都开始拉拢社会名士以占领舆论的至高点，向族人们证明自己的合法性。身处国统区的梅兰芳开始接到国民党越来越多的“殷勤”与“爱护”。1946年10月，蒋介石60寿辰，上海举行“全沪名伶盛大京剧会串”，梅兰芳演出《龙凤呈祥》。一个月之后，国民党军队攻占中共晋察冀军区机关所在地张家口，国共失和。蒋介石借机召开“国民大会”，安排晚会以示庆祝，作为国剧的京剧自然不能缺席，梅兰芳是

中心。

于是，一些名士开始劝梅兰芳不如退休。著名学者黄裳1947年在《文汇报》撰文《饯梅兰芳》，说：“我又想起沦陷八年，梅在上海留须隐居的辛酸。时至今日，梅恐怕又将有留须的必要了，为了那些外来的‘殷勤’。”显然，对政治斗争有着更为理性思考的黄裳对于梅兰芳所处的环境看得更为透彻。为了明哲保身，在这段话之前黄裳还举了很多梅兰芳已美人迟暮的话语，例如“他的嗓音的确大大不如从前了，全失去了低回婉转的自由，时时有竭蹶的处所……今天我又挤到台前去看谢幕，我鼓了掌，两次，三次，我看见梅的确是老了”。显然，黄裳此时对自己喜爱的梅郎用这样的句子，目的在于将自己置身于政治之外。同时，他认为对艺术深爱的梅兰芳，看到这样的话语会因受刺激而退出舞台，从而达到保护梅兰芳的目的。但争论只是争论，当时有几个可以抽身而出、全身而退呢！

在争论与内战中，梅兰芳背着诸多为国民党工作的问题，在周恩来直接而又

诚恳的挽留之下，拒绝了齐如山等人的力劝，选择留在了他所深沉爱恋、并愿为之付出生命的族人身边，与诸多留下来的名流们，一起迎接一个新的时代。

（三）代表京剧

中华民族的内战总算结束了，昔日的温山软水慢慢地从炮声的噩梦中苏醒过来，山水依旧，明月依旧，曾经燕鸣的黄昏依旧，只是日月已换了新天。新中国对待艺人的方式是全新的，在这个时代之

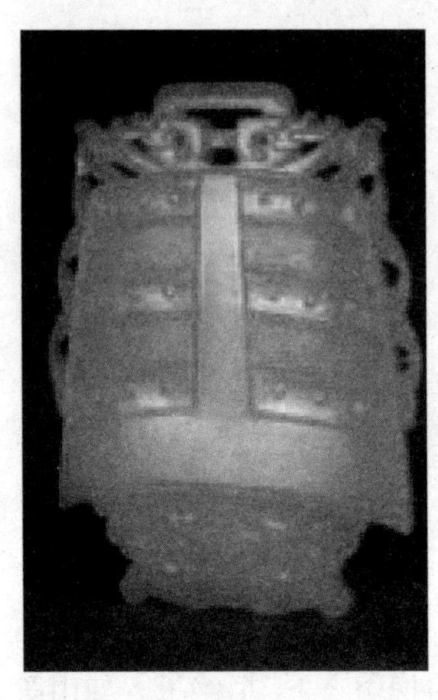

中，梅兰芳将拥有一个新的角色。

在新中国，戏剧演员和工人农民一样，上升为国家的主人，这让梅兰芳既激动又感慨，从而满怀希望地迎接这个新时代，虽然很快就发生了一件让他不愉快的事。政协成立之初，所有人都认为以梅兰芳的名声和操守自然是政协委员的不二人选，但被当时党内第一秀才胡乔木从提名名单中剔除。还好，名单到毛泽东手里时，毛泽东立刻严厉批评了胡乔木，

并以团结和改造的政策亲自将梅兰芳提名为全国政协常务委员，让他以此身份参加开国大典。自此之后，梅兰芳成了官员，开始忙于各种各样的政治活动。

这些声名曾给过梅兰芳无数的荣誉，也为他带来无数的灾难。但对于梅兰芳自己，却只愿意专心于推进京剧艺术的发展。

所以，当北京陷于灾难梅兰芳不得不退避上海之时，他每年都要抽空回到北京，除了要祭祖探亲之外，天桥下有无数挨饿的同行在等着他的救济，祖师爷也在等待他的进香。那些同行或是他父亲的同辈，或是曾与他同台演出的同事，如今因民族的灾难每天赚不到几毛钱，站在天桥下，蓬头垢面，衣衫褴褛。梅相公的汽车一驶进天桥，他们就扶老携幼地拥上前来，向梅相公请安，叫孙子给梅相公叩头。而此时梅兰芳总是满含热泪地仓皇蹲下，像远道归来的孩子，扶起

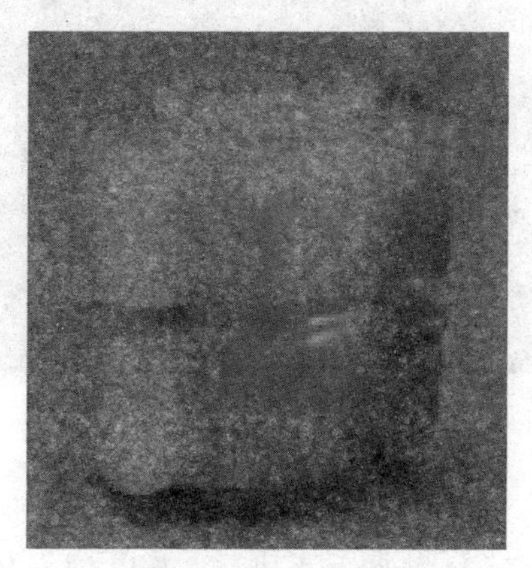

他的大爷、老伯，然后将孝敬他们的红包一一递过去，这些叔叔、大爷、老伯们的泪水不由自主地从眼角淌出，流到那破旧的满是油渍的羊皮袍子上去。在梅兰芳心中，梨园就是他的家，梨园子弟们是未来的希望，再苦再难他都必须坚持下去。

所以，当我们的民族从灾难的旋涡中挣扎而出之时，年过五旬的梅兰芳依旧选择唱下去。此时梅兰芳的一对子女已经成人，他的弟子姜妙香、萧长华也一样可以在舞台上唱尽风华。可是没了梅兰

芳，有谁愿意掏腰包走进梅剧团的戏院呢？当时，戏曲这个行业在歌曲的冲击下，在新兴电影、话剧的围攻下，在人们的生活朝不保夕的环境下，没了梅兰芳，谁又在乎京剧行当是否存在呢？后来，人们忙于满怀欣喜地迎接一个新的世界，抛弃一切旧的事物，没了梅兰芳，谁又愿意仔细去分析在京剧的世界中有珍珠、有黄金呢？在那个以否定过去、认定进化论的时代理念中，谁又会去反思传统存在的必要性与合理性呢？

所以，无论是在民族的生死存亡面前，还是在政治的升迁变动之时，我们的

梅兰芳都在京剧那里，不舍不弃，不悲不喜。无论是鲁迅的后继者们严词批评他，还是顶着全国人大代表、中国文联副主席、中国戏剧家协会副主席、中国戏曲研究院院长、中国京剧院院长、中国戏曲学院院长的他与那接踵而来的新京剧无任何关系，他都选择言论上不争论、实际上不放弃的人生态度。终于，在建国十周年之际，梅兰芳为世人奉献了集梅派艺术之大成的《穆桂英挂帅》，使京剧再次引起世人的注意。

《穆桂英挂帅》改编自豫剧，演的是53岁的穆桂英虽然对朝廷总负杨家充满

了怨气，但在民族危难的时候，她仍选择再次披挂上阵的故事。53岁的穆桂英在历经人世沧桑、看淡世态炎凉后，表现出铅华落尽后的豪气，至纯净而又至阳刚。“猛听得金鼓响画角声震，唤起我破天门壮志凌云。想当年桃花马上威风凛凛，敌血飞溅石榴裙。有生之日责当尽，寸土怎能够属他人！番王小丑何足论，我一剑能挡百万兵。我不挂帅谁挂帅？我不领兵谁领兵？叫侍儿快与我把戎装端整，抱帅印到校场指挥三军。”

于无声处听惊雷，已经65岁的梅兰芳此时在淡然平和之中爆发出了万丈光华。如果说梅兰芳少年时期的表演像《诗经》中的诗歌，弥漫着少女的文弱与清纯；青年时期的表演像宋词，如牡丹般浓烈而华彩，那么今日梅兰芳的表演就像李白的诗歌，在收放自如之中境界大开。

1961年5月31日，梅兰芳在中国科学院为科学家们演出《穆桂英挂帅》，这是他一生中最后的演出。7月，因心绞痛入北京阜外医院治疗，8月8日病逝世，终年67岁。